A LA MÉMOIRE

DES

MILITAIRES ET MARINS

Morts dans les Expéditions Coloniales

PAR

J. CARAYOL

COMMIS DES POSTES ET TÉLÉGRAPHES

Délégué du Souvenir Français

A LA MÉMOIRE

DES

MILITAIRES ET MARINS

Morts dans les Expéditions Coloniales

PAR

J. CARAYOL

COMMIS DES POSTES ET TÉLÉGRAPHES

Délégué du Souvenir Français

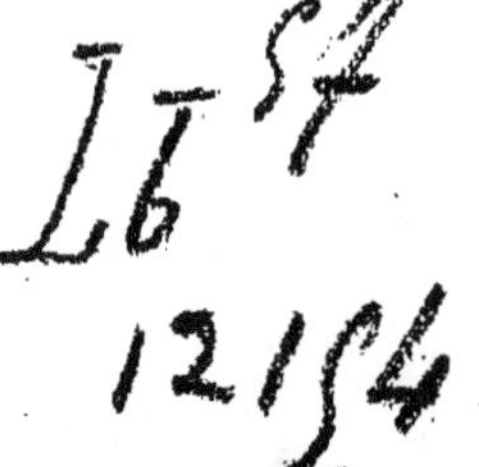

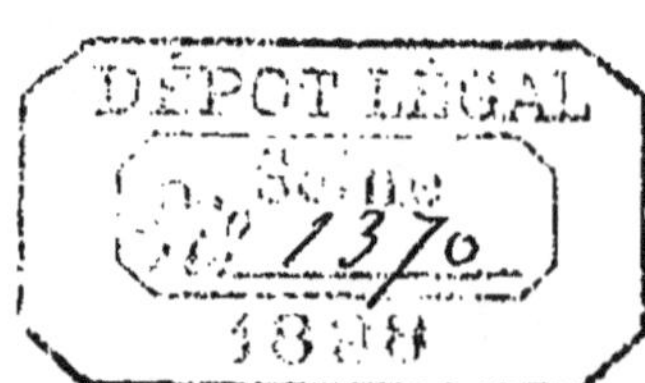

Paris *le 1er Août 1897*.

A MM. LES MEMBRES DU CONSEIL D'ADMINISTRATION

DU SOUVENIR FRANÇAIS,

« Je voudrais, a dit Montesquieu, que les noms de ceux qui meurent pour la Patrie fussent conservés dans des temples et écrits dans des registres qui fussent comme la source de la gloire et de la noblesse. »

Certes, je n'ai pas la prétention d'écrire un de ces majestueux registres de nos gloires que désirait l'illustre philosophe ; ma plume serait impuissante à le faire. Je veux seulement accomplir un devoir patriotique en écrivant les lignes qui vont suivre à la mémoire de nos braves morts dans les expéditions coloniales.

J. CARAYOL.

I — ALGÉRIE

La conquête de l'Algérie est connue de nous tous ; les faits d'armes des Canrobert, des d'Aumale, des Lelièvre, des Blandau sont encore présents à notre mémoire et sont inscrits en lettres d'or dans les annales de l'histoire française. Inutile donc de m'étendre sur un sujet que nombre d'écrivains ont déjà raconté. Je dois cependant énumérer un fait à l'honneur de nos armes.

Alger, ce repaire de pirates où avait échoué Charles-Quint en 1541, après avoir été vigoureusement châtié par Louis XIV en 1683-1684-1688, et par les Anglais en 1816, tomba enfim en notre pouvoir le 5 juillet 1830, Charles X étant roi de roi de France.

Louis-Philippe continua la conquête de l'Algérie, et l'épisode le plus remarquable fut la lutte contre Abd-El-Kader ; lutte qui dura quinze années, de 1832 à 1847, date à laquelle il fut fait prisonnier et détenu en France : tantôt à Pau, tantôt au château d'Amboise. Napoléon III lui rendit la liberté en 1852. Pour montrer sa reconnaissance, il se rallia définitivement à notre cause et fut dès lors, un grand ami de la France après avoir été son plus terrible ennemi.

La République de 1848 fit l'expédition de l'Aurès et de Biskra. La prise de Zaatcha dont Canrobert fut le héros, amena la soumission des peuplades environnantes.

Honneur aux illustres officiers et à leurs braves troupes qui ont fait flotter le drapeau français sur cette partie de l'Afrique et qui ont doté la France d'une belle et florissante colonie. Rendons un hommage suprême à ceux que les balles et les maladies ont couchés sur le sol algérien, devenu à jamais français.

II — TUNISIE

Depuis 1879, l'Italie convoitait la Tunisie. Pour arriver à son but, elle travaillait activement à faire méconnaître nos droits auprès du bey; de là éclata une insurrection. Le 31 mars 1881, les rebelles osèrent s'attaquer à un poste français et un véritable combat s'engagea. En France, l'indignation étant à son comble, une expédition fut décidée et 25,000 hommes furent concentrés sur la frontière tunisienne sous le commandement en chef du général Forgemol. La flotte s'empara de Sfax ; les villes de Sousse, Gabès, furent également occupées et le 29 septembre suivant, Kérouan, la ville sainte, tombait en notre pouvoir.

La campagne était terminée et n'avait duré que sept mois. Depuis cette époque la Tunisie est placée sous notre protectorat.

Dans cette expédition beaucoup de nos frères d'armes sont restés couchés sur la terre africaine et réclament l'hommage que nous rendons aux morts pour la Patrie.

D'après les rapports que j'ai lus, je vois avec satisfaction que le *Souvenir Français* songe aux victimes de nos expéditions algériennes et tunisiennes, et je dois même ajouter, fait entretenir leurs tombes.

III — SÉNÉGAL

Le Sénégal doit être surnommé à juste titre, le nid des oiseaux, le tombeau des Français. Dès 1626, le cardinal Richelieu envoya des colons à Saint-Louis, qui y fondèrent des comptoirs dont s'emparèrent les Anglais pendant les guerres de la Révolution et de l'Empire; ils les rendirent à la France en 1815.

Cette colonie fut réellement organisée par le général Faidherbe de 1854 à 1865 et continuée dès 1876 par les colonels Brière de l'Isle, de l'infanterie de marine; Canart, des spahis sénégalais, et le capitaine de vaisseau Vallon.

Combien des nôtres dorment là-bas leur dernier sommeil, dans ces sables brûlants ou à Saint-Louis, dans ce cimetière de « Sor », immense champ de repos où les tombes militaires se comptent par centaines. Dakar, Gorée pourraient nous dire le nombre de nos soldats qu'elles ont vu mourir, foudroyés par le choléra ou la fièvre jaune.

Remontant, le fleuve Sénégal à son embouchure jusqu'au Niger, nous trouvons les postes de Richart Toll, Dagana, Podor, Matam, Saldé, Bakel; dans tous existe un terrain où reposent quelques-uns de nos braves marsouins. Je ne citerai que Podor. poste construit en 1854, dont le cimetière m'a frappé par le mauvais entretien des tombes; un seul nom est demeuré gravé dans ma mémoire : Lieutenant Jacquemin. C'était en juin 1882.

IV — SOUDAN

Vous rappelez-vous les péripéties de cette expédition, commencée dès 1876 par le lieutenant-colonel Borgnis-Desbordes et reprise par les colonels Bourdiaux, Humbert, Archinard, de l'artillerie de marine et Bonnier. Ce dernier massacré avec ses compagnons d'armes sous les murs de Tombouctou, en janvier 1894.

Ces officiers eurent à soutenir de rudes combats contre Samory, chef d'un empire plus grand que la France. Ce souverain noir, toujours vaincu et jamais écrasé, a de brillantes qualités militaires; aussi est-il surnommé le Napoléon nègre. Peut-être mérite-t-il ce surnom à cause de l'acharnement avec lequel il soutint contre nous des luttes continuelles. De 1887 à 1893, les colonels Gallieni, Combes, Monteil, le capitaine Binger, de l'infanterie de marine, eurent aussi successivement mission, soit par la force, soit en parlementant, d'arriver à bout de la résistance de notre redoutable ennemi. Leurs efforts restèrent sans résultat ; Samory signait en effet un traité de paix en date du 25 mars 1887, nous abandonnant la rive gauche du Niger et plaçant ses états sous notre protectorat. Le lendemain, il brûlait ce qu'il avait signé la veille ; d'où continuation des hostilités. Chassé du Niger, il se réfugia dans le Sud, déplaçant ainsi son empire et envahissant les pays situés sur la Côte d'Ivoire.

Dans cette campagne du Soudan, les missions Flatters et Crampel ont été massacrées, vitime de leur trop grande confiance à l'égard des Touaregs.

Le but de Flatters était l'étude du tracé du chemin de fer Transsaharien de Biskra à Tombouctou. Il est mort dans les falaises entourant le lac Menghoud, au milieu des sables brûlants du Sahara. Ne désespérons pas de retrouver leurs dépouilles et de venger leur mort.

Paul Soleillet conçut le premier l'idée du chemin de fer Transsaharien 1865-1867, A cet effet, il fit plusieurs explorations en Afrique et tenta même la traversée du Sahara (1872), mais il échoua. Il reprit alors son projet par le Sénégal et par suite d'un différend avec le Gouverneur de cette colonie, il dût bientôt abandonner l'idée de pousser plus loin son exploration. Il changea d'itinéraire et visita l'Afrique orientale (1881) et en 1882 il signa avec le roi d'Ethiopie, Ménélick un traité de paix qui nous assura l'amitié de ce souverain. Paul Soleillet est mort en 1886.

J'associe le nom de cet intrépide explorateur au nombre de ceux qui ont donné à la Patrie, leur énergie, leur dévouement, leur sang et qui sont morts pour la conquête de notre grand empire colonial.

Je ne puis terminer mon récit sur le Sénégal-Soudan, sans reproduire textuellement ci-après une lettre de Monsieur le maire de Pauillac (Gironde) qui m'a été adressée le 1er décembre dernier et dont l'original a été remis à M. le Secrétaire Général de notre société.

« Monsieur le Délégué,

« Toutes les recherches faites et que j'ai dirigées en personne, afin de savoir si le cimetière de Pauillac avait reçu les corps de militaires ou de marins décédés à l'étranger ou en cours de voyage et transportés dans la localité m'ont démontré que le nombre de cas de ce genre devait être excessivement restreint à part les sépultures concernant les enfants du pays.

« Tanguy Paul-Yves, chef contre-maître, aux ateliers de la marine, décédé à bord du paquebot poste « Brésil » le 28 novembre 1872, en rade de Pauillac.

« Guénal, soldat de la Légion étrangère du Bénin, décédé en mer le 27 novembre 1892 à bord du même navire. »

Qu'a-t-on fait pour ces deux braves morts en vue de la terre française leur patrie.

V — DAHOMEY

Cette campagne qui est tout à l'avantage du Colonel Dodds dura quatre mois et vingt jours, du 9 août au 29 décembre 1892.

Avant l'arrivée de cet officier supérieur, nous n'avions eu que des rencontres insignifiantes, qui, cependant devinrent peu à peu de véritables combats. Nous n'ignorons pas la bravoure dont firent preuve les troupes dahoméennes, qui furent loin d'être considérées comme quantité négligeable, et aidées des maisons anglaises et allemandes qui leur procuraient des armes, nous livrèrent des assauts terribles.

Dès son arrivée à Porto-Novo, le Colonel Dodds déclara le blocus sur toute la côte et dès lors commença une série de combats où notre petit corps expéditionnaire habilement entraîné fut toujours victorieux.

Les prises : de Kana, le 4 novembre et d'Abomey, le 17 novembre 1892 qui valurent à l'intrépide colonel les étoiles de Général furent considérées comme la fin des hostilités. En effet, Béhanzin et son armée, obligés de fuir devant le succès de nos troupes se réfugièrent chez les Mahis, au nord d'Abomey. Très peu de ses sujets le suivirent dans sa fuite ; cet acte lui enleva d'ailleurs à partir de ce jour tout prestige. Sa déchéance prononcée le 18 novembre détourna définitivement de sa cause, ceux qui étaient encore restés fidèles.

Peu de temps après la prise d'Abomey, notre redoutable adversaire devenait le prisonnier du vainqueur du Dahomey.

Les braves qui sont tombés là-bas ont droit à notre souvenir. N'oublions pas la mémoire des quinze officiers et deux cents sous-officiers, caporaux et soldats qui dorment leur dernier sommeil dans cette terre africaine. Eux aussi sont morts pour la France et son drapeau.

VI — MADAGASCAR

Cette île qui a bu le sang de nos soldats avec celui de nos martyrs restera pour toujours terre française ; nous y avons laissé trop de tombes pour oublier la mémoire de ceux qui reposent au milieu de l'Océan indien. Quoique placé sous notre autorité depuis 1841, une expédition fut décidée en 1882 par suite de la violation de nos droits par les Hovas: droits reconnus par les différents traités passés avec les gouvernements de ce pays.

Une flotte imposante sous les ordres du contre-amiral Pierre, bombarda les villes de la côte pendant que l'infanterie de marine et les compagnies de débarquement opéraient à terre et repoussaient les rebelles.

Cette première expédition qui dura de mars 1882 au 17 décembre 1885 fit dans les rangs de notre petite armée de nombreuses victimes.

Certes, je ne vous parlerai que très brièvement de la dernière campagne qui sous les ordres du général Duchesne et de ses vaillants collaborateurs, les généraux Metzinger et Voyron activèrent la conquête de cette colonie et le 1er octobre 1895 était signé à Tananarive entre le Général Duchesne et la reine de Madagascar un traité de paix, celui-ci solidement établi, qui mettait fin aux hostilités et plaçait cette île sous le protectorat de la France. Quelque temps après, Madagascar était déclarée terre française.

Le corps expéditionnaire du Général Duchesne, eut à affronter mille dangers : soit par les balles, soit par les maladies : celles-ci surtout décimèrent en grande partie le 200e de marche commandé par le Colonel Gillon, qui fut une des premières victimes.

Au nom des braves qui sont tombés là-bas pour la défense de nos droits, je vous supplie de ne pas oublier qu'ils sont morts en héros.

La gloire, aube toujours nouvelle,
Fait luire leur mémoire et redore leurs noms.

(VICTOR HUGO.)

Aujourd'hui, Madagascar est appelée à devenir une de nos plus belles colonies, grâce à l'habile tactique et à la bonne administration du général Gallieni, de l'infanterie de marine. Le nom de Gallieni, pacificateur de Madagascar, figurera dans l'histoire à côté de celui de Hoche, pacificateur de la Vendée.

VII — COCHINCHINE

En 1858, les Mandarins de l'Annam avaient commis de telles injustices et soulevé de telles révoltes envers les missionnaires et les commerçants européens que la France et l'Espagne s'allièrent pour faire la guerre à l'Empereur d'Annam.

C'est à cette époque que commença la conquête de la Cochinchine qui eut pour premier résultat la prise de Saïgon (1859) par l'amiral Rigault de Genouilly. La campagne se continua par l'occupation par nos troupes des provinces de Bien-Hoa, Giadinh, Dinh-Truong (1862) et en 1867 par celle de Vinh-Long, Chaudoc, Ha-Tien.

Ainsi se termina cette expédition qui sous les ordres des amiraux de la Grandière et Rigault de Genouilly dota la France d'une nouvelle colonie.

Outre les dangers de la guerre, notre corps expéditionnaire eut beaucoup à souffrir des fièvres et de la dyssentrie ; fléaux aussi terribles que les biscaïens de l'ennemi et firent dans ses rangs un grand nombre de victimes.

Saïgon, pour perpétuer le souvenir du bienfait rendu à la Cochinchine par Rigault de Genouilly a élevé une statue à son vaillant conquérant.

Il serait de toute justice, et ce serait un hommage à rendre à la mémoire de ces intrépides militaires et marins, dignes fils de Gaulois que nos compatriotes habitant la Cochinchine élèvent un mémorial de gloire à nos pères, nos frères qui ont fait cette terre française et l'ont arrosée de leur sang.

Patriotes ? cherchez leurs tombeaux ! lisez leurs noms et souvenez-vous des vers suivant de Victor Hugo, le grand poète du XIXe siecle.

> Ceux qui pieusement sont morts pour la Patrie,
> Ont droit qu'à leur cercueil, la foule vienne et prie.

VIII — CAMBODGE

Notre protectorat sur le Cambodge date de la conquête de la Cochinchine. En 1885, des révoltes eurent lieu et en mars, une expédition fut décidée; expédition meurtrière où beaucoup de nos frères d'armes furent décimés par les maladies ou tués par les balles Cambodgiennes. Ils sont tombés couverts du drapeau français qu'ils avaient fait flotter la veille sur les remparts ennemis.

L'infanterie de marine qui venait d'accomplir un long séjour, soit au Tonkin, soit à Formose combattit vaillamment sous ce climat tropical. Nos marsouins, malgré les fatigues d'une longue campagne se conduisirent en braves et moururent en héros.

> Pour porter haut les cœurs, pour franchir tant d'abimes,
> Ils n'ont comme soutien que l'amour du drapeau.

Je leur devais ici cet hommage rendu à leur mémoire par Pierre de Chateaugay.

Un des leurs, le chef de bataillon Klipfel. après avoir fait toute la campagne du Tonkin se rendit au Cambodge avec son bataillon et mena ses intrépides soldats à la victoire. Rentré en France, il alla mourir à Rochefort-sur-Mer sur la route de Breuil d'une chute de cheval ; triste fin pour ce brillant officier supérieur. Il venait d'être nommé lieutenant-colonel, juste récompense de ses beaux états de service. Son corps repose dans le cimetière de Saint-Etienne (Loire). Le *Souvenir Français* accomplirait un acte patriotique en déposant une couronne sur la tombe de ce brave.

Pnon-Penh est la capitale du royaume du Cambodge. Cette ville possède un cimetière pieusement entretenu ; un monument a même été élevé à la mémoire des enfants de la France morts pour la Patrie à Pnon-Penh. Malheureusement, nos champs de repos aux colonies, sont en général négligés ;

il serait à désirer que dans chaque garnison, l'officier commandant d'armes veillât à ces travaux patriotiques. Nos soldats seraient heureux et fiers d'embellir pendant leurs heures de loisirs les tombes de ceux qui furent leurs compagnons de gloire et d'infortune. Ce serait si facile, si tout le monde y mettait un peu de plus de bonne volonté et surtout un peu plus de patriotisme.

Je dois rendre un hommage mérité aux sœurs de la Providence de Portieux (mission du Cambodge), grâce à leurs bons soins, les tombes de ceux qui reposent dans ce cimetière sont entretenues.

Je propose que notre honorable Président envoie une adresse de félicitations et de remerciements à ces infatigables filles de la Charité. En outre, j'insiste pour qu'une couronne soit expédiée au nom du *Souvenir Français* à Pnon-Penh avec cette inscription :

Aux soldats morts au Cambodge

A Pnon-Penh

Le *Souvenir Français*.

Le fils de notre délégué de Limoges, M. Jeanton-Lamarche repose aussi là-bas dans ce cimetière. Sergent-major au 3ᵉ régiment d'infanterie de marine, il a été foudroyé par cette épidémie terrible, le choléra.

Les parents réclament aujourd'hui la médaille coloniale que leur enfant regretté aurait été fier de porter en rentrant en France; jouir d'un repos bien mérité; ce repos, hélas ! la mort le lui a refusé et lui a donné en échange celui de l'éternité.

Au sujet de la médaille en question, j'ai fait des démarches auprès de notre aimable secrétaire général. Où en sont-elles ?

Ce serait de toute justice que les parents de ce brave reçoivent cette précieuse relique.

A eux le souvenir, à leur fils l'immortalité.

IX — FORMOSE

Après avoir occupé pendant quelque temps le commandement en chef des forces de terre et de mer au Tonkin, l'amiral Courbet prit en février 1884 celui de la division navale des mers de Chine. Il arbora son pavillon sur le *Bayard*.

A la suite de la violation par la Chine du traité de paix du 11 mai 1884 et du refus de verser une indemnité de guerre à la France, cet officier général dut attaquer cette puissance par mer, pendant que la flotte du contre-amiral Lespès s'emparait de Kélung, dans l'île Formose.

L'amiral Courbet continua en Chine, à Formose, aux Pescadores les exploits qui l'illustrèrent au Tonkin. Le bombardement de l'arsenal de Fou-Tchéou, la destruction de l'escadre chinoise et de tous les forts échelonnés sur la rivière Min (1884), Pescadores (1885), nous donnent une idée très grande des brillantes qualités de ce vaillant marin. La rapidité de ses succès en firent un héros, dont le nom glorieux restera toujours inscrit dans les pages de notre histoire.

Formose et Pescadores qui rappellent sa gloire, possèdent dans leur sein plus d'un millier de nos soldats, dont les tombes, hélas ! sont complètement abandonnées et oubliées ; car ces îles qui nous ont coûté tant de sang, sont redevenues propriétés chinoises.

Au lendemain de l'abandon par nos troupes de Formose et Pescadores, les tombes de nos frères d'armes furent foulées et saccagées par l'ennemi qui rentrait de nouveau en possession de son territoire, en vertu du traité de paix du 9 juin 1885. Formose devait rester terre française ; avec cette île nous tenions la clef de la Chine ; l'intrépide amiral Courbet l'avait compris ainsi.

Navires français, qui passaient dans ces parages, saluaient cette terre où dorment leur dernier sommeil tant de fils de la France ; ces Léonidas des guerres modernes qui eux aussi, avaient pris pour devise, celle de Cambronne : « La garde meurt et ne se rend pas. » En honorant leurs dépouilles précieuses, vous rendez également un hommage respectueux à la mémoire de Courbet qui fut comme Bayard, sans peur et sans reproche.

Le 11 juin, ô fatalité ! deux jours après la signature du traité de paix, le *Bayard* qui avait été témoin de ses succès, reçut son dernier soupir, et le 23. il appareilla pour rapporter en France le corps de ce grand patriote.

Des funérailles nationales furent faites à Courbet, et à Abbeville, le 1er septembre, Monseigneur Freppel s'exprimait ainsi devant le cercueil de ce héros : « Aussi, à l'approche de ces dépouilles glorieuses, la France entière a tressailli des Salins-d'Hyères au dôme des Invalides ; elle les a suivies du regard avec une pieuse émotion. »

Habitants d'Abbeville, conservez pieusement dans votre noble cité, les restes sacrés de cet intrépide marin, enfant d'Abbeville ; auprès desquels les générations futures viendront apprendre comment on devient un grand serviteur de son pays, un illustre défenseur de sa Patrie.

Gloire donc à Courbet, le vainqueur de Sontay, le héros de Fou-Tchéou et vive la France.

X — TONKIN

Cette colonie, où dorment leur dernier sommeil, vingt mille hommes et je n'exagère pas depuis l'époque où Francis-Garnier prit la citadelle d'Hanoï, le 20 novembre 1873, jusqu'à nos jours. Le 21 décembre de la même année, le brave officier tombait mortellement blessé aux environs d'Hanoï.

Le commandant Rivière, tué le 19 mai 1883, fut le signal d'une guerre acharnée entre la France et les Pavillons Noirs ou irréguliers Chinois qui, sous les ordres de leur chef Luh-Vinh-Phuoc, nous livrèrent des combats sanglants.

Au sujet de la mort de Rivière, je dois refuter ici la teneur d'une lettre d'un soldat d'Afrique insérée dans l'*Eclair* du 27 mai dernier qui relatait ce fait : « Rivière a été tué par un sous-officier d'infanterie de marine. »

Voici un passage de la lettre que j'ai adressée à ce journal : lettre qui jusqu'à ce jour n'a pas reçu de réponse. « 27 mai 1897. Quant à la lettre insérée dans l'*Eclair* et émanant d'un soldat d'Afrique, elle est l'œuvre d'un imposteur et son accusation est complètement fausse. Il est de mon devoir et c'est mon droit de refuter une telle accusation portée contre un de mes anciens compagnons d'armes. Il n'est pas dans l'armée française, un sous-officier capable de pareille lâcheté. D'ailleurs, pour vous prouver la fausseté de ce témoignage, je n'ai qu'à dire et cela sans crainte d'être démenti, qu'à cette époque (19 mai 1883) aucune troupe d'Algérie n'était au Tonkin. L'infanterie de marine et les compagnies de débarquement étaient seules gardiennes du drapeau français dans cette colonie. »

Le commandant Rivière, se voyant blessé à mort, acheva lui-même de se tuer pour ne pas tomber vivant aux mains barbares des Pavillons Noirs Cette version racontée par les témoins du combat du 19 mai, est la seule vraie et digne d'être crue.

Sontay, dont le siège dura deux jours, fut la première rencontre sanglante de nos troupes avec les soldats de Luh-Vinh-Phuoc, depuis la mort de Rivière Le 16 décembre 1883, sous les ordres de l'amiral Courbet, nous enlevions d'assaut la citadelle et les forts de Phusa. Les pertes de notre côté furent nombreuses, car nous avions à faire à un ennemi, dont l'effectif, était de beaucoup supérieur au nôtre ; un ennemi, dis-je tenace et bien outillé.

Bac-Klé, dont le défilé peut être comparé au fameux col de Largentière par lequel l'armée de Napoléon Iᵉʳ franchit les Alpes pour passer en Italie. Nous partîmes, quatre cents hommes, pour aller occuper Lang-Son, conformément au traité de paix de Tien-Sin du 11 mai 1884.

La colonne d'occupation formée à Phu-Lang-Thuong, sous le commandement du colonel Dugenne se mit en marche le 22 juin ; le 23, elle s'engageait dans le défilé, où elle fut assaillie dans cette journée, et le lendemain 24, par 16 à 20 compagnies chinoises cachées dans les rochers. Le brave et regretté capitaine Laperrine, des chasseurs d'Afrique, pourrait nous dire, s'il vivait encore, le nombre de cette poignée de héros ensevelis dans ce coupe-gorge.

Le vrai chiffre, on le nie.

Backlé peut l'avouer, mais on le lui défend.

Laperrine, qui s'est conduit vaillamment au Tonkin, à la tête de ses intrépides chasseurs, est venu mourir en France des suites des fatigues d'une longue et meurtrière campagne. Son corps repose au cimetière Montparnasse à Paris ; chaque année, à l'anniversaire de sa mort, des âmes pieuses, sans doute ses anciens compagnons d'armes, viennent déposer une couronne sur sa tombe. *Souvenir Français ?* Pensez à ce héros·

Lang-Son qui rappelle deux souvenirs bien tristes, encore présents à notre mémoire ; la retraite du colonel Herbinger et la blessure du général de Négrier dans la vallée de Dong-Dang, à deux pas de la porte de Chine, le 28 mars 1885. La balle blessant le brave général, a failli tuer la fortune de la France et cet héroïque officier général a acquis en France une telle popularité qu'elle égale celle de nos vaillants conquérants d'Afrique, de Crimée et d'Italie. Avec cet intrépide soldat, nous pouvons regarder sans crainte par de là la trouée des Vosges.

Parmi les brillants faits d'armes qui marquèrent la conquête du Tonkin, l'un est resté célèbre, c'est la défense de Tuyen-Quan, où environ un bataillon de la Légion étrangère, sous les ordres du commandant Dominé se défendit pendant de longs mois avec une ténacité rare, semblable aux zéphyrs du capitaine Lelièvre au siège de Mazagran, le 5 février 1840.

Le 3 mars 1885, Tuyen-Quan était délivré par les troupes du général Brière de l'Isle, après un combat acharné.

Grand est le nombre de nos soldats qui arrosèrent les champs de bataille de cette ville : grand est le nombre dis-je, de ceux qui dorment du sommeil de l'éternité dans tous nos postes avancés du Tonkin et où nous avons eu des engagements sanglants avec les armées irrégulières de Chine.

Souvenons-nous, qu'ils sont morts en braves et n'oublions pas leur mémoire.

La conquête du Tonkin est due à l'habile tactique de l'amiral Courbet, des généraux Brière de l'Isle, de Négrier, Jamont et Warnet. Sous leur commandement, les plus fortes insurrections furent déjouées et nos troupes victorieuses. Aussi, à leur départ, leurs successeurs n'eurent que la garde du territoire conquis.

Deux de ces illustres conquérants manquent à l'appel ; ils sont morts après une longue carrière bien remplie ; l'amiral Courbet, à qui j'ai rendu un suprême hommage dans mon récit sur Formose et le général Brière de l'Isle, décédé le 18 juin 1896. Saint-Leu-Taverny (Seine-et-Oise) garde en dépôt ses restes précieux.

J'associe le nom de ce héros à celui de Courbet ; tous deux ont bien mérité de la Patrie.

XI — ANNAM

L'Annam qui aurait dû être sous notre protectorat depuis 1870, ne le fut réellement qu'en 1874. La guerre malheureuse que nous eûmes à soutenir à cette époque avec la Prusse, retarda la réalisation de ce projet. Napoléon III, conseillé par l'amiral de la Grandière qui avait fait avec succès la conquête de la Cochinchine avait hâte de mettre à exécution le plan de cet officier général. Il dut laisser à un autre régime cet honneur : vaincu et déchu du trône de France, il alla mourir sur une terre étrangère.

Ce ne fut donc qu'en 1874, trois mois après la mort de Francis Garnier, que fut signé à Hué, entre le lieutenant de vaisseau Philastre et les plénipotentiaires annamites, le traité du 25 mars qui mettait l'Annam sous notre protectorat.

A la mort du commandant Rivière, le 19 mai 1883, la France envoya de nouveaux renforts en Extrême-Orient : le sang de ce héros devait être vengé.

A cette époque, la cour d'Annam ourdit contre nous des intrigues au Tonkin ; c'est donc de ce côté, que furent tirés les premiers coups de canon avant de reprendre l'offensive dans le Delta. Un corps expéditionnaire fut expédié là-bas, pendant que l'amiral Courbet faisait bombarder et occuper les forts qui défendaient la rade de Thuan-An. Le 20 août, nos troupes entraient dans Hué et le 23, l'empereur d'Annam reconnaissait de nouveau notre protectorat sur l'Annam et le Tonkin.

Dans la nuit du 5 juillet 1885, alors que la paix venait d'être signée avec la Chine, le souverain annamite, conseillé sans doute par les mandarins de sa cour, suscita à Hué une révolte pour en chasser l'infanterie de marine qui y tenait garnison. Ses plans furent déjoués et n'aboutirent qu'à la déchéance de ce monarque, qui fut remplacé par un de ses frères, puis par un autre.

Ces changements de pouvoir, nous occasionnèrent plusieurs révoltes qui nous obligèrent à faire de nombreuses reconnaissances dans les diverses provinces de cette colonie pour combattre la piraterie, devenue par trop menaçante, qui, sous les ordres de leur fameux chef Thuyet, attaquaient nos escortes et nos convois de ravitaillement. Beaucoup des nôtres sont tombés vivants aux mains barbares des pirates : Dieu sait le martyre qu'ils ont dû souffrir.

Le 19 juillet, Donghoï était occupée par nos troupes et la même année, le drapeau français était arboré sur les citadelles de Quan-Tri, Hatinh, Vinh, etc., etc.

Dans l'Annam, où le choléra et la dyssenterie n'y sont pas étrangers, beaucoup de nos frères d'armes dorment là-bas leur dernier sommeil dans nos champs de repos ou ensevelis au coin d'un bois ou d'une rizière.

A Donghoï, où j'ai fait un assez long séjour, sous les ordres du brave capitaine Hugueny, une des victimes de la colonne Bonnier à Tombouctou, nous avions installé autour de la citadelle un cimetière où les tombes de nos regrettés camarades étaient entretenues par nos soins. Nos successeurs ont-ils continué cette patriotique opération.

CONCLUSION

Je me suis étendu longuement sur les principaux événements qui se sont déroulés dans les colonies que je viens de citer, où dans la plupart j'ai été un témoin oculaire. En terminant, je ne veux pas négliger de porter un hommage suprême à la mémoire de nos pères, de nos fils, de nos frères décédés à la Guadeloupe, à la Martinique, à la Guyane : sous ces climats meurtriers; aux Indes, à la Nouvelle-Calédonie, au Congo et dans toutes nos possessions qui forment aujourd'hui notre grand empire colonial. Tous ont droit à notre reconnaissance; tous, dis-je, sont tombés en héros, en tenant haut et ferme l'étendard de la France. Victor Hugo n'a-t-il pas dit de nos soldats morts pour la Patrie : « Qu'entre les plus beaux noms, leur nom est le plus beau. » Et d'ailleurs, pour exprimer toute ma pensée, je n'ai qu'à reproduire les paroles de Monseigneur Bonnefoy, dans son discours prononcé dans la cathédrale de la Rochelle, le 11 novembre 1893 : « Morts récents ou éloignés, obscurs ou illustres, on se souvient de vous. » Saluons donc la mort des braves, qu'ils aient succombé, tués par les balles ou aux colonies, foudroyés par les épidémies, ou massacrés sur le théâtre de l'exploration.

Nos soldats morts dans les expéditions coloniales sont aussi dignes d'être honorés que ceux tombés sur les champs de bataille de 1870-71; car moins heureux que ceux-ci, ils sont allés mourir loin de la mère-Patrie. On oublie qu'eux aussi sont morts pour la France, pour le même drapeau? Le commandant Truc, à l'inauguration du monument de l'île Sainte-Marguerite, le 24 février 1894, n'a-t-il pas rendu l'hommage suivant à la mémoire de nos victimes des expéditions lointaines : « Pour les militaires qui succombent soit parmi les nations civilisées ou barbares, on peut nourrir l'espoir de retrouver l'endroit où l'affection de leurs camarades les a enseveils ». Héros modestes ou illustres, morts pour la Patrie, sur la rive étrangère ou au fond des mers, le *Souvenir Français* veille sur vos dépouilles sacrées.

Jadis, deux grands poëtes, Homère chez les Grecs, et Virgile chez les Romains, chantaient dans des termes sublimes les gloires de leur Patrie. En France, quand un grand homme meurt, on le couvre du drapeau : quand un général revient victorieux d'une expédition, on le porte en triomphe. Et quand nos fils, nos frères d'armes meurent loin du pays qui les a vu naître, la France doit aussi honorer leur mémoire, au même titre que ceux qui sont tombés sur les champs de bataille de Gravelotte, de Saint-Privat, de Bazeilles, etc,, etc. La glorification doit être égale pour tous.

Les lignes que je viens d'écrire, inspirées par mon ardent patriotisme, ont pour but d'honorer la mémoire de nos soldats morts aux colonies. Je serais heureux et fier, que ceux qui ont pour mission de faire revivre dans nos cœurs le souvenir des braves qui ne sont plus partagent mon avis : je veux parler de projets de monuments à élever dans dans nos ports militaires ci-après : Cherbourg, Brest, Rochefort, Toulon. De ces villes, en effet, où nos troupes de marine tiennent garnison, se sont embarqués nos détachements pour les expéditions lointaines. L'infanterie de marine surtout a fourni les plus gros contingents ; cette troupe d'élite, dont l'étendard a flotté dans toutes les parties du monde et dont le journal allemand *Augsburg Abendzeitung* du 13 septembre 1870, disait à propos de Bazeilles : « Dans ce combat de Bazeilles, on remarquait l'infanterie de marine qui, destinée à être embarquée par la mer du Nord, avait été retenue pour la défense de Paris : triste fin pour ces héros. »

Prêtons notre précieux concours à ces villes qui veulent glorifier le souvenir des braves qu'elles ont vu embarquer pour des destinations inconnues ; les uns pour revenir couverts de gloire, les autres, hélas ! pour mourir là-bas pour leur foi patriotique. Et ne désespérons pas de voir se réaliser dans un avenir prochain, l'idée émise en 1894 du projet d'un mémorial de gloire à élever sur une de nos places publiques de la capitale, avec cette épitaphe :

A LA MÉMOIRE DES MILITAIRES ET MARINS

MORTS DANS LES EXPÉDITIONS D'OUTRE-MER

Un gouvernement patriote ne peut refuser son appui et son obole à une Société qui travaille pour une œuvre si grandiose : le culte des morts pour la Patrie.

Ces monuments montreront aux générations futures comment on meurt pour son pays et comment en France on sait honorer ceux qui succombent aux colonies pour la défense du drapeau, ce drapeau qui incarne dans ses plis les gloires du passé et les espérances de l'avenir.

J. CARAYOL

ex-sous-officier d'infanterie de marine.

TABLE DES MATIÈRES

Imp. Schneider Frères et Mary. — Levallois.